AF247158

RECHERCHES HISTORIQUES

L'APANAGE,

POUR SERVIR A APPRÉCIER

1o. L'acte du 7 août 1830, par lequel M. le duc d'Orléans, alors lieutenant-général du royaume, a donné à sept de ses huit enfants la nu-propriété de tous ses biens, meubles et immeubles, en s'en réservant l'usufruit;

2o. La demande d'une augmentation de dotation pour le prince royal, à raison de son mariage;

3o. La demande d'un apanage territorial en faveur de M. le duc de Nemours, second fils de M. le duc d'Orléans, devenu roi, le 9 août 1830, sous le nom de Louis-Philippe Ier;

4o. La demande d'un million de dot en faveur de l'aînée des princesses, mariée, le 9 août 1832, au roi des Belges.

PAR LE VIEUX NORMAND,

Auteur de brochures

SUR

La Conversion des Rentes;
La Contribution foncière et le Cadastre en 1836;
La Réforme électorale.

ROUEN,

F. BAUDRY, IMPRIMEUR DU ROI,

RUE DES CARMES, No. 20,

———

1837.

Avertissement de l'Auteur.

En commençant ces recherches au mois de mars 1837, j'ai eu pour but unique d'apprendre le plus complètement possible comment l'apanage s'était introduit et figurait dans le droit public de la France. J'étais avancé dans ce travail, lorsque M. De Cormenin a publié ses lettres auxquelles on a accordé une faveur prodigieuse. Cette publication ne m'a point empêché de terminer la tâche que je m'étais imposée, parce que je trouvais bon de connaître dans leur ensemble toutes les dispositions du droit public qui servaient de base à l'apanage, de les rapprocher et de les réunir en un tout qui présentât le corps entier de la législation sur la matière. Je suis arrivé à ce résultat sérieux que j'aurais réservé pour moi et quelques amis, s'ils ne m'avaient poussé à le donner au public, afin de lui fournir les moyens de prononcer sur les demandes qui pourraient se reproduire à l'avenir.

RECHERCHES HISTORIQUES.

L'APANAGE.

PREMIÈRE PARTIE.

Depuis l'origine de la Monarchie jusqu'à 1789.

Sous les deux premières races des rois de France, le royaume se divisait entre les enfants du prince qui laissait le trône vacant. Les inconvénients de cette division s'étant fait trop souvent sentir, la coutume de ne donner que des apanages aux frères et aux fils du roi s'est introduite sous la troisième race.

Dans l'usage le plus ordinaire, on ne se sert du mot apanage que pour désigner ce que les rois de France donnent à leurs frères ou à leurs fils, et à leurs petits-fils à défaut de fils, pour leur subsistance.

L'apanage, relativement aux frères de roi et fils de France, est un moyen d'acquérir, particulier au droit français. C'est le transport fait par le roi à ses frères ou à ses fils d'une portion du domaine de la couronne, pour en jouir comme propriétaires, sous la réserve de la

1

souveraineté et des droits en dépendants , et sous la condition de l'impartabilité et du retour à la couronne à défaut d'hoirs mâles en ligne directe. On ne voit pas de loi précise qui ait obligé les rois de France à donner des apanages à leurs frères et fils. Néanmoins , dans l'ancienne constitution du royaume , l'établissement de l'apanage faisait partie du droit public de la France.

On doit distinguer, sous la troisième race , trois temps selon lesquels les fils de France ont été apanagés sous des conditions si différentes , qu'il a fallu, à raison de chacune de ces époques, reconnaître des règles également différentes.

Le premier temps a commencé à **Hugues Capet**, et a duré jusqu'à la mort de **Philippe-Auguste**. Les fils de France ont eu pendant ce temps , *en toute propriété* , les domaines qui leur étaient donnés pour leur apanage.

Le second temps a commencé sous **Louis VIII**, et a duré jusqu'à **Philippe-le-Bel**. Les domaines donnés aux fils de France pour apanage , ont été chargés de *retour à la couronne, faute d'hoirs* ; mais sous le nom d'hoirs , indéfini, les femelles étaient comprises aussi bien que les mâles.

Le troisième temps a commencé par les dernières dispositions de **Philippe-le-Bel**, en 1314, et s'est continué jusqu'à la Révolution de 1789. Les domaines donnés en apanage dans ce troisième temps ont été chargés de la clause de *retour à la couronne, à défaut d'hoirs mâles , avec perpétuelle exclusion des femelles.*

Alors s'établit l'usage de donner aux filles du sang royal de grandes sommes de deniers pour les colloquer

en mariage, selon la dignité de leur naissance et l'hon-
neur de leur condition.

L'état ancien des apanages en France est présenté
ainsi qu'il suit, dans une partie du préambule de lettres
patentes accordées en faveur de M. le duc d'Orléans,
le 7 décembre 1766, et enregistrées au parlement, le 15
du même mois :

« L'apanage des enfants puînés de la maison de France
» a toujours été considéré comme représentant le part-
» age de la monarchie qui a subsisté pendant les deux
» premières races. Si les inconvénients de ce partage
» destructif de la souveraineté, par la jalousie et la riva-
» lité des princes, par l'affaiblissement des forces et de
» l'autorité, ont persuadé, au commencement de la
» troisième race, que la couronne, le plus éminent de
» tous les fiefs, devait être indivisible ainsi que les
» fiefs que les maximes du gouvernement féodal, alors
» en vigueur, déféraient en entier à l'aîné des mâles, la
» nature, qui ne parle pas moins au cœur des rois qu'à
» leurs sujets, leur a inspiré de doter leurs enfants
» puînés, et de leur procurer une subsistance propor-
» tionnée à la splendeur de leur origine, et propre à
» les dédommager de la perte de la souveraineté dont
» ils étaient privés. Enfants de l'état, ils ont pris dans
» les fonds de l'état même, par la main des rois, nos
» prédécesseurs, les parts et portions qui leur ont été
» assignées. Le vœu de la nature a été rempli, et la
» royauté a acquitté ses obligations. Cette institution,
» par son principe et sa longue observance, qui n'a

» souffert aucune interruption, a mérité d'être placée
» au rang des lois fondamentales de notre monarchie.
» Dans les premiers tems, les rois qui dotaient leurs
» enfans leur donnaient la propriété absolue des do-
» maines qu'ils leur constituaient en partage, sous
» l'expression simple des domaines et des fiefs ou mou-
» vances, pour être possédés par ceux qui les recevaient
» et par leurs descendants, sans distinction de sexe,
» hériditairement et à perpétuité. La propriété acquise
» aux puînés mâles n'a cessé d'être transmissible aux
» filles que par une des dernières dispositions de Phi-
» lippe-le-Bel, qui l'a restreinte aux seuls mâles des-
» cendants des mâles, dans la vue de maintenir la
» grandeur des princes de leur descendance, d'éviter
» le transport de portions du domaine de la couronne
» à des maisons étrangères, et d'en assurer le retour
» en cas d'extinction de la ligne masculine. Ce principe
» s'est soutenu dans les siècles suivants. L'apanage,
» composé de différents fiefs, a continué de former un
» seul corps féodal, un grand fief héréditaire et perpé-
» tuel, quoique grevé de réversion, gouverné dans
» toutes ses parties par une seule et même loi. »

La succession à l'apanage ne se règle point par la
disposition générale des lois ou des coutumes, mais
par la loi particulière de l'apanage.

Une de ces premières lois est que les mâles seuls,
descendants du prince apanagé, peuvent recueillir les
terres qui composent l'apanage. Les filles n'y ont, dans
aucun cas, aucun droit. Mais, *entre les mâles même, il*

(5)

n'y a que l'aîné, descendant en ligne directe du prince apanagé, qui recueille les terres de l'apanage. Cet aîné doit seulement une pension alimentaire à ses frères.

L'apanage passant toujours de l'aîné à l'aîné en ligne directe, on a demandé si, la branche aînée venant à s'éteindre, l'apanage passera à la branche cadette. Mais, comme l'apanage est accordé pour le prince qui le reçoit et ses enfants mâles, il n'y a aucune incertitude sur le droit de la branche cadette, à l'extinction de la branche aînée.

Supposé que le prince qui jouissait de l'apanage vienne à mourir sans enfants mâles, mais laissant un neveu de l'aîné de ses frères cadets, et un second frère vivant, c'est au neveu que l'apanage doit passer, au préjudice de son oncle. L'apanage demeure toujours attaché à l'aîné de la branche aînée, de même que la couronne.

Dans aucun cas, l'apanage ne remonte aux collatéraux du prince apanagé, c'est-à-dire que le roi ayant deux fils ou deux frères, l'apanage qu'il a donné à l'un d'eux ne passe point à l'autre ni à ses représentants, dans le cas où il s'éteindrait dans la personne du premier ou de ses enfants, soit par le défaut de descendants mâles, soit par l'avénement à la couronne.

La fin de l'apanage arrive par trois causes différentes, savoir:

1°. La mort du prince apanagiste, sans enfants mâles;

2º. L'avénement du prince à la couronne ;

3º. La confiscation de ses biens.

Première cause.

Dutillet, qui avait vu dans le *Trésor des chartes* le codicille de Philippe-le-Bel, du vendredi veille de Saint-André 1314, en a donné le sommaire en ces termes :

« Ordonnance du roi Philippe-le-Bel, qu'en défaut
» d'hoirs mâles de Philippe-le-Long, son fils, le comté
» de Poitou retourne à la couronne, à la charge que le
» roi qui lors régnera, sera tenu marier les filles, au
» dire des dénommés, et qu'elles auront les autres biens
» de la succession de leur père. »

Dutillet remarque de plus que, depuis l'apanage de Louis, frère de Charles VI, on n'a pas manqué, pour ôter tout sujet de contestation, d'insérer dans toutes les lettres d'apanage la clause de retour à la couronne, à défaut de descendants mâles en légitime mariage. L'édit de 1566, portant réglement sur le domaine, en avait fait une loi générale en ces termes :

« Le domaine de notre couronne ne peut être aliéné
» qu'en deux cas seulement : l'un pour l'apanage des
» puînés mâles de la maison de France, auquel cas il y
» a retour à notre couronne, par leur décès sans mâles,
» en pareil état et condition qu'était ledit domaine lors

» de la concession de l'apanage, nonobstant toute dispo-
» sition, possession, acte exprès ou taisable, fait ou
» intervenu pendant l'apanage. »

Deuxième cause.

Si le prince apanagé parvient à la couronne, ce qu'il tenait en apanage est réuni de plein droit au domaine. Dutillet en donne pour exemple l'avénement de Philippe-de-Valois au trône, et celui de Louis XII, qui étaient l'un et l'autre apanagistes, et qui avaient des frères puînés vivants lors de leur avénement à la couronne. « Il fut » douté, dit Dutillet, si les terres de l'apanage tenues » par lesdits rois avant que la couronne leur écheut re-» tournaient à icelle ou échéaient à leurs puînés, attendu » que le retour pour les apanages n'était qu'au défaut » des mâles qui duraient ; mais fut observée la réunion » et retour desdites terres à la couronne, parce que, par » l'adeption de celle-ci, lesdits rois ne les avaient pas » perdues, qu'elles étaient rentrées en elle, et qu'elles » étaient rejointes au lieu dont elles étaient parties, la » jouissance consolidée avec la propriété. »

Il est à remarquer que les frères puînés du prince apanagiste qui monte sur le trône ne sont pas apanagés par leur frère devenu roi, parce que l'apanage n'est dû qu'aux descendants en ligne directe du roi qui laisse le trône vacant. Il est donné en représentation et pour remplacer le droit de succéder au roi : or, quand le trône passe d'une branche à une autre, il est manifeste que tous les princes de cette branche ne peuvent pas se dire héritiers du roi ayant droit de lui succéder, et dès qu'ils n'ont pas de droit à succéder, ils n'ont pas de droit pour demander un apanage.

Si Louis XIV a donné un apanage à son frère Monsieur, c'est parce que Louis XIII était mort sans le lui donner, ainsi qu'il l'exprime dans son édit du mois de mars 1661, constitutif de cet apanage.

Troisième cause.

L'apanage finit encore par la confiscation, dit Dutillet, « pour la forfaiture du chef d'une branche de puîné de » France ; il fait réversion à la couronne, s'il n'y a resti-» tution ou abolition. »

L'apanage de Monsieur, frère de Louis XIV, a été établi par un édit de ce prince, du mois de mars 1661, à-peu-près sur le même pied que celui de Gaston, frère de Louis XIII, en 1626. Le préambule de cet édit contient l'annonce des motifs généraux qui déterminent la concession de l'apanage. Louis XIV déclare en particulier qu'il a résolu de donner à son frère un apanage dont la grandeur et l'étendue soient plus conformes à l'affection qu'il a pour lui, qu'aux exemples de ce qui s'est pratiqué par les rois ses prédécesseurs, en pareille rencontre.

« A ces causes nous avons donné, octroyé et délaissé » (ce sont les termes de l'édit), donnons, octroyons

» et délaissons à notredit frère unique et à ses enfans
» mâles, descendants de lui en loyal mariage, pour leur
» apanage et entretenement, selon la même nature des
» apanages de la maison de France, et la loi de notre
» royaume toujours gardée en icelui, *les duchés d'Or-*
» *léans, Valois et Chartres, et la seigneurie de Montargis,*
» ainsi qu'ils se composent, étendent et consistent de
» toutes parts, en villes, cités, châteaux, etc., etc., etc.,
» qui nous appartiennent ès-dits duchés et seigneurie et
» à cause d'iceux, *et ce jusqu'à la concurrence de la*
» *somme de deux cent mille livres tournois de revenu*
» *par chacun an,* à la réserve toutefois des comtés de
» Montlhéry et Limours et domaines en dépendants ci-
» devant unis audit duché de Chartres par nos lettres-
» patentes du mois d'avril 1627, lesquels nous nous
» sommes réservés et réservons, les ayant, pour cet
» effet, désunis, comme nous les désunissons par ces
» présentes, du duché, pour être et demeurer réunis
» à notre domaine, suivant l'acquisition que nous en
» aurions faite avant ladite union.

» Pour, desdits duchés et seigneurie, leursdites ap-
» partenances et dépendances, droits, fruits et revenus
» des susdits *jusqu'à ladite somme de deux cent mille*
» *livres de rente,* jouir et user par notredit frère et ses
» hoirs mâles en droite ligne, par forme d'apanage tant
» seulement, sans aucune chose en retenir ni réserver
» à nous ni à notre couronne et successeurs, fors seule-
» ment les foi et hommage lige, droits de ressort et
» souveraineté, etc., etc., etc.

» Permettant et accordant au surplus à notredit frère

» qu'il puisse et lui soit loisible ordonner et établir en
» l'une des villes de son apanage , telle qu'il avisera ,
» une chambre des comptes et créer les officiers néces-
» saires à cet effet, par-devant lesquels les receveurs
» des domaines desdits duchés et seigneurie rendront
» compte de leurs recettes et administration de leurs
» charges, à la charge que , de trois ans en trois ans, les
» comptes qui seront ainsi rendus en sadite chambre
» des comptes , seront envoyés en notre chambre des
» comptes à Paris , ou les doubles d'iceux duement col-
» lationnés , signés et certifiés ; que lesdits receveurs
» seront tenus de prendre par chacun an leurs états de
» la recette et dépense desdites charges , des trésoriers
» de France , qui auront égard que nos droits fonciers
» ne s'égarent faute d'y avoir l'œil.

» Moyennant lequel présent apanage qui a été agréa-
» blement pris, accepté et reçu par notredit frère et par
» la reine notre très-honorée dame et mère, sa tutrice
» naturelle, notredit frère et elle en son nom en ladite
» qualité ont renoncé et renoncent, au profit de nous
» et de notre couronne, à tout droit, nom, action et
» portion que notredit frère pourrait dorénavant pré-
» tendre ès-terres et seigneurie échues par le trépas de
» feu notre très-honoré seigneur et père, etc., etc., etc.

» Et, afin qu'il n'y ait aucun doute à l'avenir au fait
» de ce présent apanage, nous disons, déclarons et
» ordonnons que, suivant la nature desdits apanage et
» loi de notre royaume, où notredit frère et ses descen-
» dants mâles en loyal mariage iraient de vie à trépas
» sans enfants mâles descendus de leurs corps en loyal

» mariage, en sorte qu'il ne demeurât aucun enfant mâle
» descendant par ligne de mâles de notredit frère, bien
» qu'il y eût fils ou filles de filles descendantes d'eux,
» audit cas lesdits duchés et seigneurie par nous donnés
» à notredit frère retourneront librement à notre cou-
» ronne, comme étant, ledit apanage, éteint et fini,
» et pourront, nos successeurs à notre couronne, s'en
» emparer et prendre la possession et jouissance à leur
» plaisir et volonté, sans aucun contredit ou empêche-
» ment, ni qu'on puisse opposer aucun laps de temps
» ou prescription.
   » Permettons, en outre, à notredit frère unique de
» racheter, si bon lui semble, à son profit, nos domaines
» engagés dans l'étendue desdits duchés et seigneurie,
» en remboursant, en un seul et parfait paiement, les
» acquéreurs de leur sort principal, frais et loyaux-
» coûts. »

L'apanagiste a la faculté de racheter les domaines
engagés qui se trouvent dans son apanage ; mais les
domaines se réunissent de plein droit à l'apanage, et
sont également inaliénables. Le préambule des lettres-
patentes du 7 décembre 1766 s'exprime ainsi à ce sujet :

« Cette faculté exprimée dans les lettres-patentes du
» mois de mars 1661 (constitutive de l'apanage de
» Monsieur), et du 28 janvier 1751, est de l'essence de
» l'apanage, produit des réunions successives, et nous
» prépare et à nos successeurs un retour utile dans le
» cas du défaut d'hoirs mâles, par l'attention du pos-
» sesseur à en augmenter la masse en faveur des mâles

I

» de sa maison, et au profit éventuel de notre couronne.
» Feu notre très-cher et très-amé oncle le duc d'Orléans,
» à l'exemple de ses prédécesseurs, nous en a donné
» des preuves, *en réunissant en 1751 à l'apanage le*
» *comté de Soissons et le domaine de Laon*, et notredit
» cousin, animé du même esprit, vient d'y faire une
» nouvelle réunion par le *rachat des domaines de Marle,*
» *La Ferre, Ham et Saint-Gobain.* Ainsi ces domaines
» particuliers ont cessé d'être des engagements; ils
» appartiennent maintenant à ce grand fief représentatif
» de l'ancien partage de la monarchie, indivisible dans
» son titre, dans ses droits, dans ses accroissements
» comme dans sa mouvance, tenu de nous à cause de
» notre couronne à une seule foi et hommage lige. »

En même temps que les domaines retirés par l'apanagiste s'unissent au corps de l'apanage, il s'ouvre en sa
faveur une action contre le domaine pour le remboursement des sommes dépensées pour parvenir au rachat.

En ce qui concerne les forêts faisant partie de l'apanage,
un édit du mois de février 1566, en exprimant les différentes causes pour lesquelles le domaine de la couronne peut être aliéné, et dont l'une est l'apanage, portait, article 8, que, « ceux auxquels le domaine aurait
» duement été aliéné, pour les causes que dessus, ne
» pourraient néanmoins couper les bois de haute futaie,
» ni toucher aux forêts qui sont ès-dites terres, et si fait
» l'avaient, seraient tenus à la restitution du profit et
» dommage qui en serait advenu. »

Dans l'arrêt d'enregistrement des lettres d'apanage de

Monsieur, frère de Louis XIV, en date du 7 mai 1661,
il y a une modification conçue en ces termes :

« A la charge que des bois de haute futaie dépendants
» des bois délaissés par lesdites lettres, le sieur frère
» unique du roi n'en pourra démolir, abattre, ni user,
» sinon comme un bon père de famille, pour l'entre-
» tenement des édifices et châteaux. »

Le 24 avril 1672, Louis XIV donna un premier édit
de supplément d'apanage en faveur de Monsieur. Cet
édit fut enregistré le 3 septembre 1672.

Il lui accorda le Palais-Royal par un édit du mois de
février 1692, enregistré le 13 mars 1693.

M. le duc d'Orléans, possesseur en 1764 de l'apanage donné par Louis XIV à son frère, faisant procéder
au renouvellement de son terrier du duché d'Orléans et
comté de Beaugency, eut à ce sujet un procès à sou-
tenir contre les églises d'Orléans et de Chartres. Cette
cause fut plaidée à la grand'chambre en 1769. M. Séguier
porta la parole en qualité d'avocat-général.

« Un apanage, dit M. Séguier, est une portion du
» domaine de la couronne que les rois donnent à leurs
» enfants ou à leurs frères puînés, et cette portion du
» domaine de la couronne leur tient lieu de leur portion
» du domaine héréditaire. Le prince apanagé possède
» cette portion qui lui est ainsi abandonnée, à titre de
» propriété incommutable, et cette possession se trans-
» met à toute sa descendance, sans autre condition que

» celle de retour à la couronne à défaut de postérité
» masculine. L'effet de cette condition est de faire
» envisager l'apanage comme encore attaché au domaine
» royal par l'espérance du retour ; quoique séparé du
» domaine, il en fait toujours partie ; c'est une éma-
» nation de la couronne à laquelle l'apanage est tou-
» jours attaché, parce qu'il peut à chaque instant rentrer
» dans le domaine dont on ne peut pas dire qu'il soit
» absolument séparé. M. le duc d'Orléans possède tout
» ce qui compose son apanage, il a droit d'en jouir
» par lui et par ses successeurs à l'infini , tant que sa
» postérité pourra s'étendre dans la branche masculine.
» Cette propriété est le prix de la renonciation que
» Monsieur, frère du roi, a faite à tous les droits qu'il
» pouvait avoir à prétendre. Cette propriété n'est grevée
» d'aucune autre charge que de celle de retour à la cou-
» ronne , à défaut de descendants mâles issus de Mon-
» sieur , frère du roi , en légitime mariage. *Il est incon-*
» *testable qu'on peut envisager cette clause comme une*
» *véritable substitution* d'un genre beaucoup plus élevé
» que les substitutions ordinaires , substitution qui doit
» avoir lieu dans toute l'étendue des générations à venir,
» et qui ne doit s'éteindre qu'avec la descendance mas-
» culine du prince apanagé , et à cette époque donner
» ouverture à la réunion au domaine de la couronne,
» dont les biens substitués font toujours partie par cette
» espérance de retour. Mais de même qu'un substitué
» n'est pas moins propriétaire de la chose qu'il doit
» transmettre, malgré la nécessité de la remise à laquelle
» il ne peut se soustraire , de même le prince apanagé

» ne doit pas moins être regardé comme véritable pro-
» priétaire de son apanage , quoiqu'il soit forcé de le
» remettre à toute sa descendance masculine ; et, à
» défaut d'enfants mâles, au domaine dont il a été
» démembré. »

DEUXIÈME PARTIE.

Depuis 1789 jusqu'à 1837.

En 1789 , M. le duc d'Orléans , connu depuis sous le
nom de Philippe-Égalité , possédait l'apanage constitué
par Louis XIV au profit de son frère , par les édits de
1661 , 1672 et 1692 ; celui de 1661 fixait l'apanage à
200,000 livres tournois de revenu annuel. Je ne suis
pas en mesure de dire quelle a été l'augmentation résul-
tante de l'édit de 1672 ; quant à celui de 1692, il ajoutait
le Palais-Royal à l'apanage. En outre de cette portion du
domaine de la couronne , M. le duc d'Orléans possédait,
à titre de domaine privé, de grands biens ayant diverses
origines.

Le 21 décembre 1790, l'Assemblée-Constituante rendit
sur les apanages un décret dont voici les principales
dispositions :

« Article 1ᵉʳ. *Il ne sera concédé à l'avenir aucun apa-*
» *nage réel.* Les fils puînés de France seront élevés et
» entretenus aux dépens de la liste civile jusqu'à ce
» qu'ils se marient, ou qu'ils aient atteint l'âge de
» vingt-cinq ans accomplis. Alors il leur sera assigné sur

» le trésor national, des rentes apanagères dont la quo-
» tité sera déterminée à chaque époque par la législature
» en activité.

» Article 2. *Toutes concessions d'apanages antérieures*
» *à ce jour sont et demeurent révoquées par le présent*
» *décret.*

» Article 5. Les apanagistes continueront de *jouir*
» des domaines et droits fonciers compris dans leurs
» apanages jusqu'au mois de janvier 1791. »

Ainsi se sont trouvés annulés, à partir de cette époque,
les trois apanages qui existaient alors : celui de Monsieur,
frère de Louis XVI, roi depuis sous le nom de Louis
XVIII, celui de M. le comte d'Artois, décédé sur la
terre d'exil sous le nom de Charles X ; enfin celui de la
branche d'Orléans. A cette époque, l'administration des
domaines a dû reprendre possession de toutes les pro-
priétés qui composaient chacun de ces trois apanages,
et les réunir de fait au domaine de l'état.

L'Assemblée-Constituante ne voulant pas dépouiller
les princes apanagés, sans aucune compensation, ordonna ce qui suit, par le même décret :

« Article 10. Il sera payé tous les ans, à partir du mois
» de janvier prochain (1791), par le trésor national,
» de six mois en six mois, à chacun des trois apanagistes
» dont les apanages réels sont supprimés, à titre de
» remplacement, une rente apanagère de 1,000,000
» pour chacun d'eux.

» Art. 11. Après le décès des apanagistes, les rentes
» apanagères, créées par le présent décret, ou en vertu
» d'icelui, seront divisées par portions égales entre tous
» leurs enfants mâles ou descendants, par représentation
» en ligne masculine, sans aucun droit de primogéni-
» ture, à l'exception des filles et de leur représentation.
» Ces rentes seront transmises, quittes de toutes charges,
» dettes et hypothèques, autres que le douaire viager
» dû aux veuves de leurs prédécesseurs, auxquelles
» ces rentes pourront être affectées jusqu'à concurrence
» de la moitié d'icelles; et la même division et sous-
» division aura lieu, aux mêmes conditions, dans tous
» les degrés et dans toutes les branches de la ligne
» masculine issue du premier concessionnaire, jusqu'à
» son extinction.

   » Art. 12. En cas de défaillance d'une ou de plusieurs
» branches masculines de la branche apanagée, la por-
» tion de la rente apanagère dévolue à cette branche
» passera à la branche ou aux branches masculines les
» plus prochaines, ou en partie de degré, suivant
» l'ordre des successions qui sera lors observé.

   » Art. 13. A l'extinction de la postérité masculine
» du premier concessionnaire, la rente apanagère sera
» éteinte au profit du trésor national, sans autre affec-
» tation que de la moitié d'icelle au douaire viager,
» tant qu'il aura cours, suivant la disposition de l'ar-
» ticle 11, et les filles ou leur représentation seront
» exclues dans tous les cas.

   » Art. 16. *Il sera payé à M. D'Orléans, outre le*

» million de rente apanagère, la somme d'un million
» pendant vingt ans, à titre d'indemnité des améliora-
» tions faites par ses auteurs et lui dans les fonds de
» son apanage, lequel million sera affecté à ses créan-
» ciers, pour leur être payé directement suivant les
» délégations que fera M. D'Orléans, et sera ledit
» million consacré aux créanciers, dans le cas même où
» M. D'Orléans viendrait à mourir avant l'expiration
» desdites vingt années.

» *Art. 18. Le Palais-Royal est excepté de la révoca-*
» *tion d'apanage prononcée par le présent décret.* L'apa-
» nagiste auquel la jouissance en a été concédée, et
» l'aîné mâle, chef de sa postérité, continuera d'en
» jouir au même titre et aux mêmes conditions que
» jusqu'à ce jour. L'Assemblée Nationale confirme les
» aliénations qui ont pu être faites des terrains ou
» édifices dépendants de l'apanage du Palais-Royal, ou
» toutes autres autorisées par des lettres-patentes enre-
» gistrées.

» Art. 20. Les acquisitions faites par les apanagistes,
» à titre de retrait féodal, confiscation, commise ou
» déshérence, leur demeureront en toute propriété. »

Si cette citation est bien longue, elle sert du moins
à prouver que les *apanages réels* ont été *prohibés* pour
l'avenir, et que ceux alors existants n'ont été *supprimés*
que parce qu'on accordait à leurs possesseurs une *rente
apanagère en remplacement.* Tel a été le nouvel état de
choses établi par l'Assemblée-Constituante, *à partir du
1er. janvier 1791.*

En 1793, le duc d'Orléans, Philippe-Égalité, a été traduit au tribunal révolutionnaire; il a été condamné à la peine de mort, et tous ses biens ont été confisqués.

Un décret du 21 prairial de l'an III, en déclarant comme non avenues les confiscations de biens prononcées depuis le 10 mars 1793 jusqu'à la mise à exécution de la loi du 8 nivôse an III, par les tribunaux jugeant révolutionnairement, et en prescrivant le mode de restitution desdits biens, a dit :

« Art. 2. *Sont néanmoins maintenues les confiscations* » *des biens, droits et actions* de Louis XVI, de sa veuve, » de sa sœur, et *de Philippe D'Orléans.* »

On a vu, par l'article 16 transcrit plus haut, que Philippe-Égalité avait des créanciers. Les biens de sa succession ont dû être affectés à leur paiement. Il a été nommé, je crois, une commission spéciale pour opérer la liquidation de cette succession, à laquelle, ainsi que je l'ai entendu dire, ses enfants, Louis-Philippe D'Orléans et madame Adélaïde D'Orléans ont renoncé.

C'est à la grandeur d'ame, à la générosité de Louis XVIII remontant sur le trône, que Louis-Philippe a dû les biens dont il est maintenant possesseur. Il y a été réintégré par des ordonnances rendues successivement les 18 et 20 mai, 17 septembre et 7 octobre 1814. Celle du 20 mai est ainsi conçue :

« Tous les biens appartenants à notre très-cher et » bien-aimé cousin le duc d'Orléans, qui n'ont pas été » vendus, soit qu'ils soient régis par l'administration

» de notre domaine, soit qu'ils soient employés à des
» établissements publics, lui sont restitués. »

En rendant ces quatre ordonnances, Louis XVIII a voulu sans doute oublier que l'apanage d'Orléans avait été supprimé, en même tems que le sien propre, par la loi du 21 décembre 1790, à partir du 1er. janvier 1791. L'article 4 de la loi du 15 janvier 1825 donne en effet l'assurance que, dans cette restitution, a été compris l'apanage, quoiqu'il fût réuni au domaine de la couronne dont Louis XVIII n'avait pas le droit de disposer. En le remettant au duc d'Orléans, il a fait un acte de souveraineté omnipotente très-contestable, même d'après les anciennes règles de l'apanage, qui déclaraient inaliénable le domaine de la couronne, et regardaient l'apanage fini par la confiscation des biens. Personne ne contestera qu'en se conduisant comme il l'a fait, il a donné une preuve complète de son extrême bonté pour le chef de la branche d'Orléans et ses descendans.

La charte constitutionnelle de 1814 ne contient absolument rien qui ait le moindre rapport avec des apanages. Il en est de même de la loi du 8 novembre 1814, la première qui ait été rendue relativement à la liste civile et à la dotation de la couronne. Elle pose nécessairement les principes qui doivent servir de règles pour l'avenir. Les articles 20, 21, 22 s'expriment ainsi :

« Art. 20. Les biens particuliers du prince qui parvient
» au trône sont, de plein droit et à l'instant même,
» réunis au domaine de l'état, et l'effet de cette réunion
» est perpétuel et irrévocable.

« Art. 21. Les domaines possédés ou acquis par le
» roi, à titre singulier, sont et demeurent, pendant sa
» vie, à sa libre disposition ; mais s'il vient à décéder
» sans en avoir disposé, ils sont réunis de plein droit
» au domaine de l'état.

« Art. 22. Dans la disposition que le roi peut faire
» de ses domaines privés, il n'est lié par aucune des
» prohibitions du code civil. »

Ces principes ont été religieusement suivis lors de
l'avénement de Charles X au trône, par suite de la
mort de Louis XVIII, son frère. L'article 1er. de la loi
du 15 janvier 1825 en est la preuve, puisqu'il dit :

« Les biens acquis par le feu roi, et dont il n'a pas
» disposé, ainsi que les écuries d'Artois, faubourg du
» Roule, provenant des biens particuliers du roi régnant,
» sont réunis à la dotation de la couronne. »

Cette loi ne prescrit rien pour l'avenir, relativement
au domaine privé, parce que les principes avaient été
posés à son égard dans la loi du 8 novembre 1814.

Le sort de l'apanage de la branche d'Orléans, qui
lui avait été restitué illégalement et dont la jouissance
était par conséquent illégale, restait nécessairement sujet
à contestation. Par une bienveillance toute spéciale,
Charles X a proposé aux Chambres de confirmer cette
restitution, ce qui a été fait par l'article 4 de la loi du
15 janvier 1825, ainsi conçu :

« Les biens restitués à la branche d'Orléans en exécu-

» tion des ordonnances royales des 18 et 20 mai, 17 sep-
» tembre et 7 octobre 1814, et provenant de l'apanage
» constitué par les édits des années 1661, 1672 et 1692
» à Monsieur, frère du roi Louis XIV, pour lui et sa
» descendance masculine, continueront à être possédés,
» aux mêmes titre et condition, par le chef de la branche
» d'Orléans, jusqu'à extinction de sa descendance
» mâle, auquel cas ils feront retour au domaine de
» l'état. »

On remarquera sans doute que, dans la manière d'agir de Louis XVIII et de Charles X, relativement à cet apanage, il y a eu un grand désintéressement, puisque, si l'apanage avait fait partie de la dotation de la couronne, son produit eût été une augmentation de revenu à leur profit.

Si, par suite de cette restitution légalisée, ceux des biens de l'apanage qui avaient été vendus ont été remplacés au prince apanagiste par une liquidation qui lui ait produit une rente trois pour cent sur l'état, cette rente, grevée de retour comme les biens qu'elle a remplacés, a dû être annulée par l'avénement de Louis-Philippe au trône.

A l'égard de cette liquidation, il est à propos d'observer que, par l'édit de 1661, l'apanage avait été fixé à un revenu annuel de 200,000 livres tournois, et qu'il n'était dû en rente que ce qu'il fallait pour compléter ce revenu, en supposant que le produit annuel des biens non vendus ne s'élevât pas jusque-là.

Enfin Louis-Philippe, lieutenant-général du royaume

en 1830, est monté sur le trône le 9 août, en acceptant la couronne qui lui a été déférée au nom de la souveraineté nationale. S'il n'a pas montré alors l'intention de rattacher absolument sa monarchie nouvelle aux traditions de la vieille monarchie, il a néanmoins fait preuve de grande prévoyance pour l'avenir. Sachant, d'après les traditions de la vieille monarchie, que l'apanage possédé par un prince montant sur le trône se réunissait de droit au domaine de la couronne, il n'a pas cru pouvoir se permettre de disposer du sien. Ce n'était d'ailleurs qu'un bien substitué, faisant retour à l'état lors de l'extinction de la branche masculine. Il n'y avait que l'aîné de la branche qui eût le droit d'en jouir, à la charge de donner une pension alimentaire à ses frères; enfin les filles étaient exclues à perpétuité d'y prendre part.

Il savait aussi bien, d'après les traditions de la vieille monarchie et aussi par l'application que Charles X ainsi que l'article 1er. de la loi du 15 janvier 1825 en avaient faite sous ses yeux, que l'avénement au trône réunissait de plein droit et à l'instant même au domaine de la couronne les biens privés du prince devenu roi. Pour conserver tous les siens à sa branche, il a oublié les traditions de la vieille monarchie et s'est soustrait en même temps à l'exécution de l'article 20 de la loi du 8 novembre 1814. Décidé à accepter la couronne qui lui serait apportée le 9 août 1830, il s'est dépouillé de tous ses biens par un acte du 7 du même mois, lorsqu'il n'était encore que duc d'Orléans, lieutenant-général du royaume, et qu'il ne pouvait encore être qualifié du titre de roi.

En s'en réservant l'usufruit, Louis-Philippe a transféré la nu-propriété de tout son domaine privé à ses enfants, son fils aîné excepté. Cette exception est peut-être fondée sur ce que ce fils trouverait une fortune suffisante dans son expectative au trône, et peut-être aussi sur ce que, s'il possédait quelque chose au moment de son avénement, ce quelque chose se réunirait de plein droit au domaine de la couronne, ce qu'on voulait éviter. Quoi qu'il en soit, si, d'un côté, les princes qui sont montés successivement au trône avaient eu la même prévoyance, avaient pris les mêmes précautions que Louis-Philippe; si, d'un autre côté, les Chambres qui viendront, montraient pour les intérêts du domaine de l'état la même indifférence, le même oubli que celle qui existait le 2 mars 1832, le domaine de l'état se serait épuisé ou s'épuiserait promptement, en fournissant toujours sans qu'on y ajoutât jamais.

En ce qui concerne l'apanage de la branche d'Orléans, voici les dispositions de la loi du 2 mars 1832, qui rentrent dans les traditions de la vieille monarchie :

« Art. 4. Sont, en outre, réunis à la dotation immobi-
» lière de la couronne les biens de toute nature composant
» l'apanage d'Orléans, constitué par les édits de 1661,
» 1672, 1692, ainsi que la petite forêt d'Orléans, qui
» en faisait originairement partie, et qui, par l'avéne-
» ment du roi, ont fait retour au domaine de l'état.

» Dans le cas où il y aurait lieu à indemnité, à raison
» des accroissements faits à cet apanage, depuis qu'il a
» été rendu à la maison d'Orléans jusqu'au moment où

» il a fait retour au domaine de l'état, cette indemnité
» ne sera exigible qu'à la fin du règne actuel.

» La partie non apanagère du Palais-Royal, apparte-
» nante à madame la princesse Adélaïde D'Orléans ,
» pourra également être réunie par voie d'échange
» opéré avec d'autres biens faisant partie de l'apanage
» d'Orléans.

» Art. 8. Les biens meubles et immeubles de la cou-
» ronne sont inaliénables et imprescriptibles ; ils ne
» peuvent être, par conséquent, ni donnés, ni vendus,
» ni engagés, ni grevés d'hypothèques. Néanmoins,
» les objets inventoriés avec estimation pourront être
» aliénés moyennant remplacement. »

Il résulte de tout ceci que, conformément aux traditions de la vieille monarchie, l'apanage a été rendu au
domaine de la couronne, mais qu'en opposition à ces
mêmes traditions, le domaine privé n'y a pas été réuni.

TROISIÈME PARTIE.

Appréciation de ce qui a été fait.

§. Ier.

Acte du 7 août 1830.

En ce qui concerne le domaine privé, examinons la
translation qui en a été faite par l'acte du 7 août 1830.
Cet acte est très-probablement un partage fait avec les

formalités, conditions et règles prescrites pour les donations entre-vifs, ainsi que l'ordonne l'art. 1076 du code
civil.

L'art. 931 de ce code dit que « tous actes portant dona-
» tion entre-vifs seront passés devant notaires, dans la
» forme ordinaire des contrats ; et il en restera minute,
» *sous peine de nullité.* » Il est exprimé par l'art. 932 « que
» la donation entre-vifs *n'engagera le donateur et ne pro-*
» *duira aucun effet, que du jour qu'elle aura été acceptée*
» *en termes exprès.*

» L'acceptation pourra être faite du vivant du dona-
» teur, par un acte postérieur et authentique, dont il
» restera minute ; mais alors *la donation n'aura d'effet,*
» *à l'égard du donateur, que du jour où l'acte qui consta-*
» *tera cette acceptation lui aura été notifié.* »

Pour que l'acte du 7 août 1830 soit à l'abri de toute
contestation, il faut que l'acceptation en ait été faite par
les donataires ou pour eux, puisqu'ils étaient tous mi-
neurs à cette époque ; qu'elle ait été faite en termes exprès,
dans l'intervalle du 7 au 9 août, avant que Louis Philippe ait été salué roi ; autrement, il n'était pas engagé ;
l'acte ne produisait aucun effet, et l'avénement au trône
opérait de plein droit et à l'instant même la réunion de
tout le domaine privé au domaine de la couronne.

Il a été déclaré que le prince royal n'avait aucune portion de biens dans le partage opéré par l'acte du 7 août
1830. Mais alors que devient ce même acte devant l'article 1078 du code civil, qui dit : « Si le partage n'est
» pas fait entre tous les enfants qui existeront à l'époque

» du décès et les descendants de ceux prédécédés, *le*
» *partage sera nul pour le tout* » ?

On cite ici le code civil, parce que, dans l'acte, il
s'agit non de Louis-Philippe roi, mais de Louis-Philippe
lieutenant-général du royaume, et encore soumis aux
lois communes à tous les Français.

Les hommes de loi qui ont concouru à faire réaliser
cette grande infraction aux règles de la vieille monarchie
et aux lois postérieures, auront pris ou conseillé toutes
les mesures propres à en assurer le succès ; mais cela ne
doit pas empêcher les légistes d'examiner l'acte du 7
août sous tous ses rapports légaux, afin de faire connaître à la nation s'il est vraiment inattaquable.

On pourrait se demander par quel motif on a différé
jusqu'au mois de mars 1832 à régler la liste civile pour
toute la durée du règne. Ce retard n'aurait-il pas eu lieu
pour empêcher de donner la moindre publicité à l'acte
du 7 août 1830, qu'il n'était guère possible de faire
accueillir favorablement par l'opinion publique ? On
pourrait le penser en lisant les articles 22 et 23 de la loi
du 2 mars 1832, ainsi conçus :

« Art. 22. Le roi conservera la propriété des biens
» qui lui appartenaient avant son avénement au trône.
» Ces biens et ceux qu'il acquerra à titre gratuit ou
» onéreux, composeront son domaine privé.

» Art. 23. Le roi peut disposer de son domaine privé,
» soit par actes entre-vifs, soit par testament, sans être
» assujetti aux règles du code civil qui limitent la quo-
» tité disponible. »

Le 9 août 1830, date de son avénement au trône, Louis-Philippe ne possédait plus rien si l'acte du 7 est valable, et cependant, le 2 mars 1832, les Chambres lui reconnaissent des biens qui lui appartenaient avant cet avénement; elles lui en confirment la propriété, et lui donnent la faculté d'en disposer. Elles ont ainsi dérogé non seulement aux principes de la vieille monarchie, mais encore à l'art. 20 de la loi du 8 novembre 1814. Si, elles ignoraient l'acte du 7 août 1830 était-il loyal de leur en faire un mystère? Si elles le connaissaient, comment qualifier le secret profond qu'elles ont gardé à son sujet, ainsi que la conduite qu'elles ont tenue pour donner une sorte de sanction légale à cet acte? D'après lui et la transcription qu'on dit en avoir été opérée au nom des enfants, tous les biens meubles et immeubles compris dans la donation sont, depuis le 7 août 1830, leur propriété personnelle, indivise et grevée d'usufruit. D'après l'art. 22 de la loi du 2 mars 1832, ces mêmes biens sont déclarés la propriété de leur père et font partie de son domaine privé. Dans cet état de choses, qui, du père ou des enfants, a le droit d'en disposer? L'acte de 1830 est-il plus fort que la loi de 1832, ou bien celle-ci détruit-elle les effets de l'acte en remettant la propriété entre les mains du père et en lui créant à nouveau, par l'art. 23, la faculté de disposer à l'avenir, comme il avisera, de biens dont il avait antérieurement fait donation avec toutes les formes et les précautions légales nécessaires pour qu'il en fût complètement dépossédé?

Passons maintenant aux dotations des enfants de la branche d'Orléans.

§. II.

Dotation du prince royal.

Le fils aîné des rois de la vieille monarchie n'avait pour tout bien que l'expectative de la couronne. S'il jouissait de quelque chose, c'est que son père le lui avait assigné sur son propre revenu. C'est aussi le revenu de la couronne qui supportait les frais de son mariage. Sous la nouvelle monarchie, le prince royal a été doté par l'art. 20 de la loi du 2 mars 1832, d'une somme annuelle d'un million à prendre sur le trésor public. Cet article ajoute que « cette somme sera augmentée *s'il* » *y a lieu* et par une loi spéciale lorsqu'il se mariera. » Ce mariage a été notifié à la Chambre des députés qui, *sans aucun examen préalable pour s'assurer s'il y avait lieu*, a doublé le premier million, et a donné de plus un million une fois payé pour subvenir aux dépenses du mariage. Si cet examen préalable avait été fait, on se serait peut-être souvenu de l'art. 15 du décret du 21 décembre 1790, ainsi conçu :

« Il ne sera plus accordé à l'avenir aux fils et petits » fils de France aucune somme, rente ou traitement » pécuniaire, distingué de l'apanage, pour l'entretien de » leurs maisons et de celles de leurs épouses, ou sous » quelqu'autre prétexte que ce soit. »

Il n'y a, comme on le voit, aucune similitude entre le sort du prince royal d'à présent et celui d'autrefois.

§. III.

Apanage pour le duc de Nemours.

Il existait en 1789, comme on l'a vu plus haut, trois apanages réels en biens immeubles. Ils ont été supprimés et remplacés, à partir du 1er. janvier 1791, par des rentes apanagères, avec défense de concéder aucun apanage réel à l'avenir. Le code civil a fait la même défense pour les substitutions. Les majorats ont éprouvé le même sort. La loi du droit d'aînesse a été repoussée généralement par l'opinion publique. L'hérédité de la pairie a été convertie en une prérogative viagère. Enfin, l'égalité devant la loi est proclamée par tout et défendue avec tant de force que l'on applique d'une manière défavorable les noms de privilége, de monopole, à la moindre exception, à la plus faible dérogation qui paraissent attaquer ce principe. Dans un pays où l'esprit public se compose de tous ces résultats, quelles raisons y a-t-il pour chercher à rétablir, dans la personne du duc de Nemours, les traditions de la vieille monarchie, en créant, pour lui, comme fils puîné, un apanage en biens immeubles ? S'il y avait nécessité d'assurer l'existence du prince, on a, pour y satisfaire, la faculté de créer une rente apanagère en sa faveur ; mais cette nécessité ne peut exister, puisque, d'un côté, il a une part du domaine privé, déterminée sans doute par l'acte du 7 août 1830, part très-probablement suffisante pour lui assurer le sort honorable qui lui est dû, et que, d'un autre côté, son père s'étant réservé l'usufruit de ses biens, y trouve les moyens d'assurer à son second fils une existence convenable jusqu'à ce qu'il ait atteint l'âge de vingt-cinq ans accomplis. C'est à cette époque seulement que la loi du 21 décembre 1790 permet de lui donner une rente apanagère et non pas des immeubles. Peut-on d'ailleurs proposer aux Chambres de revenir sur leurs pas à ce sujet après qu'elles ont dit, art. 21 de la loi du 2 mars 1832 ;

« En cas d'insuffisance du domaine privé, les dota-
» tions des fils puînés du roi et des princesses seront
» réglées ultérieurement par des lois spéciales. »

C'est comme si chacune d'elles avait dit au roi : J'ai allégé par l'art. 20 votre liste civile de la charge qu'elle devait supporter, pour satisfaire aux besoins du prince royal jusqu'à son avénement au trône. Quant à vos autres enfants, sans distinction, c'est vous-même qui les doterez au moyen du domaine privé qui vous appartenait lors de votre avénement au trône, et dont je vous laisse la propriété et la disponibilité, au lieu de le réunir au domaine de l'état. Si votre domaine privé se trouvait insuffisant à cet effet, vous me le ferez connaître, et alors je viendrai à votre secours pour que la dotation de chacun de vos enfants soit concordante avec sa situation sociale et ses besoins.

La demande d'un apanage en immeubles a, selon

moi, une tout autre portée que celle de la nécessité pour l'existence du prince. Cette portée me paraît toute politique, ce qu'il est permis de conclure d'après l'intention ostensiblement manifestée de rattacher la royauté nouvelle aux traditions de la vieille monarchie. Ne serait-ce pas en effet établir un exemple sur lequel on pourrait se fonder plus tard pour créer de nouveau des substitutions, des majorats dans les familles riches de la bourgeoisie, et faire naître ainsi des distinctions qui amèneraient un ordre de noblesse avec des priviléges au profit de bon nombre de membres de la nation officielle, seule appelée à servir de point d'appui au trône? Cette thèse vaut bien la peine d'être examinée sous toutes ses faces, et j'en laisse le soin aux publicistes beaucoup plus instruits que moi.

<h2 style="text-align:center">§. IV.</h2>

<h3 style="text-align:center">Dotation des princesses.</h3>

En ce qui concerne la dotation des princesses, l'aînée, devenue reine des Belges, le 9 août 1832, postérieurement à la loi du 2 mars de la même année, recevra 1,000,000 fr. en 1837. Ce précédent a été obtenu avec l'arrière-pensée probable qu'il serait un exemple qu'on ne pourrait s'empêcher de suivre pour les deux autres; car comment et pourquoi les Chambres refuseraient-elles pour les filles cadettes ce qu'elles ont accordé pour la fille aînée, sans justification de l'insuffisance du domaine privé? Il est vrai que chacune de ces princesses a sa part dans les biens donnés par l'acte du 7 août 1830, mais on ne sait pas à quelle quotité cette part s'élève, et quels seront en définitive les moyens d'existence de chacune. On n'a en conséquence aucune règle pour déterminer ce qui pourra être fait à l'avenir. Quoi qu'il en soit, si l'on tient tant à se rattacher aux traditions de la vieille monarchie, il est à propos d'observer que les filles étaient mariées avec des dots en argent, afin d'éviter le transport de portions du territoire à des princes étrangers. D'après ce principe, les parts des princesses dans la donation du 7 août, devraient être prises seulement sur les capitaux mobiliers appartenant au domaine privé.

Il est bien difficile de terminer cet article sans se demander par quel motif la dot de la reine des Belges, qui a dû être convenue entre son père et le roi Léopold, avant le 9 août 1832, n'a été réclamée des Chambres qu'en 1837. La loi du 2 mars 1832 venait d'être rendue et, si le domaine privé était alors insuffisant, il était tout naturel de s'adresser de suite aux Chambres pour les mettre en mesure d'exécuter l'art. 21 de cette loi. Si au contraire le domaine privé était alors suffisant, comme le silence gardé en 1832 peut le faire raisonnablement supposer, quel motif donner à la demande faite en 1837, après plus de quatre ans écoulés depuis le mariage?

SUPPLÉMENT AU PREMIER PARAGRAPHE CONCERNANT L'ACTE DU 7 AOUT 1830.

Cette brochure était sous presse lorsque j'ai eu connaissance du *Journal des notaires et des avocats*, tome L, cinquième cahier, mai 1836. J'y ai vu que l'administrateur général du domaine privé regardait, ainsi que je l'ai fait moi-même, l'acte du 7 août 1830 comme une donation entre-vifs portant partage, et que c'est ainsi qu'il a été qualifié par les tribunaux. Cet article m'a paru assez important pour que j'en misse quelques extraits sous les yeux de mes lecteurs.

Par acte du 7 août 1830, le duc d'Orléans, alors lieutenant-général du royaume, fit donation entre-vifs à ses enfants, le duc de Chartres excepté, de tous ses biens meubles et immeubles, sous la réserve de l'usufruit.

L'acte porte les valeurs mobilières à 9,011,960 fr. 74 c., et le revenu annuel des immeubles à 1,335,625 fr.

Il n'énonce ni partage ni division quelconque entre les donataires.

Le ministre des finances avait autorisé *l'enregistrement en débet*, qui eut lieu le jour même de la passation.

Le paiement des droits fut effectué comme suit :

Le 2 juillet 1831.	603,931 fr. 96 c.
Le 17 décembre.	256,920 44
Le 16 avril 1832.	438,367 »
	1,299,219 fr. 40 c.

La transcription fut requise et opérée (1). Ultérieurement, et le 10 décembre 1833 seulement, l'administrateur général du domaine privé du roi réclama la restitution d'une somme de 529,888 fr. 04 c., se fondant sur ce que le droit liquidé comme pour donation ordinaire, et par application des paragraphes 4 et 6 de l'art. 69 de la loi du 22 frimaire an VII, aurait dû l'être conformément à l'art. 3 de la loi du 16 juin 1824, concernant *les donations en ligne directe portant partage.*

A cette demande, la régie répondit : 1° que plus de deux ans s'étant écoulés depuis le jour de l'enregistrement, toute action en restitution était frappée de prescription, conformément à l'art. 61 de la loi du 22 frimaire an VII; 2°. que l'art. 3 de la loi du 16 juin 1824 n'était pas applicable, parce que, d'une part, *l'acte ne portait point partage entre les enfants donataires,* et, d'autre part, que *tous les enfants n'étaient point appelés.*

Par jugement du 6 août 1834, le tribunal civil du département de la Seine ordonna la restitution.

La régie s'est pourvue en cassation, 1°. pour violation de l'art. 61 de la loi du 22 frimaire de l'an VII; 2°. pour fausse application de l'art. 3 de la loi du 16 juin 1824, et pour violation de l'art. 69 de la loi du 22 frimaire an VII, paragraphe 1, n°. 3, paragraphe 3, n°. 4, paragraphes 4 et 6.

---

(1) Art. 3 de la loi du 16 juin 1834, paragraphe 2. « Le droit d'un et demi pour cent ajouté au droit d'enregistrement par l'article 54 de la loi du 28 avril 1816, ne sera perçu pour lesdites donations que lorsque la transcription en sera requise au bureau des hypothèques. »

Sur le premier moyen, la régie a soutenu que la prescription de deux ans, établie par l'art. 61 de la loi du 22 frimaire an VII, pour la demande en restitution de droits d'enregistrement, doit courir, non du jour du paiement du droit, mais du jour de l'enregistrement de l'acte ; qu'ainsi, dans l'espèce, l'acte ayant été enregistré le 7 août 1830, la prescription était acquise lors de la demande en restitution formée le 10 décembre 1833.

En ce qui concerne le second moyen, la régie s'est efforcée de démontrer, tant par les termes de l'article 3 de la loi du 16 juin 1824, que par le rapport et la discussion sur cette loi à la Chambre des députés, que le législateur n'avait voulu excepter, et n'avait réellement excepté de la règle générale établie par la loi du 22 frimaire an VII, que le partage fait par le père de famille entre tous ses enfants et descendants, et par eux tous accepté de son vivant ; que la loi de 1824 était inapplicable à l'acte du 7 août 1830, cet acte n'ayant point le caractère de partage, puisque, d'une part, il ne contient pas de lotissements, et que, de l'autre, tous les enfants du père de famille n'y figurent pas.

Par arrêt du 26 avril 1836, la cour de cassation a rejeté le pourvoi.

Laissant de côté tout ce qui concerne la prescription réclamée par la régie, il suffira, pour faire voir comment les tribunaux ont qualifié l'acte du 7 août 1830, de mettre en regard les raisons qui ont, sur ce point, motivé leur décision.

Tribunal civil du département de la Seine.

Attendu que cette disposition (art. 3 de la loi du 16 juin 1834) a laissé soumises au droit fixé par les paragraphes 4 et 6 de la loi de l'an VII, les dispositions entre-vifs à titre particulier, et qui n'ont pas le caractère d'hérédité, donations qui peuvent être considérées comme partielles, soit quant aux biens, soit quant aux enfans; mais qu'elle a réduit au taux des successions déterminé par les paragraphes 1 et 3, toute disposition générale par laquelle un père, réunissant ses héritiers présomptifs, fait, de son vivant, ce que la loi ferait après son décès, en leur abandonnant ses biens, en les en saisissant, comme ils en seraient saisis à sa mort, avec les droits et les charges d'une hérédité acceptée ;

Attendu que c'est une disposition générale de cette nature que renferme l'acte du 7 août 1830, dont il s'agit au procès ;

Attendu que le lotissement des biens donnés, ou leur partage matériel entre les enfants donataires, n'est pas nécessaire dans l'acte pour qu'il y ait lieu à l'application de l'article 3 de la loi de 1824 ; qu'il

Cour de Cassation.

Attendu que ni les articles 1075 et 1076 du code civil, ni l'article 3 de la loi du 16 juin 1824 n'exigent impérativement que, dans les actes par lesquels un ascendant entend faire entrer un descendant dans le partage de ses biens, ce partage se trouve matériellement effectué ;

Attendu que la possibilité ou l'éventualité d'une action en nullité, par celui des descendants qui ne serait pas compris dans la donation, ne saurait changer la nature de l'acte par rapport à la régie à laquelle cette action demeure étrangère, puisque la validité ou l'invalidité des actes est indifférente pour la perception des droits d'enregistrement, et que, de plus, cette action ne

suffit que l'acte présente le caractère d'une démission de biens par un père à ses enfants, d'une disposition par laquelle il leur ouvre sa succession par anticipation ;

Attendu, d'ailleurs, que, dans l'espèce, il y avait impossibilité pour le donateur de partager, entre ses enfants, les biens qu'il leur donnait, puisqu'une partie de ces biens était encore indivise entre lui et d'autres personnes étrangères à la donation ; que cette impossibilité suffirait seule pour repousser l'objection tirée du défaut de partage matériel dans l'acte ;

Attendu que, à la vérité, le donateur n'a pas non plus déterminé, dans la donation, la quote-part qu'il entendait attribuer à chacun des sept donataires dans les biens donnés ; mais que, par cela même qu'il les leur a donnés conjointement et sans inégalité de parts, il est réputé de plein droit leur en avoir attribué à chacun un septième ;

Attendu qu'il est vrai encore qu'ayant huit enfants, il n'a fait qu'à sept l'abandon ou la démission de ses biens, d'où il suit, aux termes de l'article 1078 du code civil, que l'acte pourra être annulé si l'enfant qui y a été omis est encore vivant au décès du donateur ; mais

s'ouvre au profit du descendant omis ou exclu, qu'autant qu'il survit au donateur, et qu'il ne renonce pas à sa succession ou à l'exercice de ladite action ;

Attendu que, dans l'espèce, il résulte des faits et circonstances de la cause, que la donation légitime contient virtuellement un partage d'un père entre ses enfants ;

Qu'il suit de ce qui précède, qu'en décidant que l'acte dont il s'agit contenait, dans l'esprit et d'après le texte de l'article 3 de la loi du 16 juin 1824, une donation portant partage, et comme telle soumise à ce qui est réglé pour les successions en ligne directe, le jugement attaqué a fait une juste application de cet article, et n'a pas violé les paragraphes 4 et 6 de

que la possibilité ou l'éventualité d'une action en nullité, qui n'appartiendrait qu'aux parties privées, ne change pas la nature de l'acte à l'égard de la régie de l'enregistrement ; que malgré cette éventualité d'annullation, l'acte n'en reste pas moins sous l'application de la loi de 1824, etc., etc., etc :

Le tribunal déclare bien fondée la demande en restitution de la somme de 539,888 fr. 04 cent.

l'article 69 de la loi du 22 frimaire an VII, et s'est conformé au numéro 3 du paragraphe 1, et au numéro 4 du paragraphe 3 du même article :

La cour rejette le pourvoi.

Observation.

La somme payée pour l'enregistrement s'élève, comme on l'a vu, à . . . . 1,299,219 fr. 40 c.

Il a été restitué, en vertu du jugement cité ci-dessus 539,888   04

Il reste donc, comme droit dû et payé. . . 759,331 fr. 36 c.

Ce sont les dispositions de l'art. 3 de la loi du 16 juin 1824 qui ont produit ce résultat.

D'après elles, il était dû un droit de 25 cent. pour 100 fr. sur les biens meubles ; ainsi, sur 9,011,960 fr. 74 c., ce droit s'élève à . . . . 22,529 fr. 90 c.

Le droit dû sur les immeubles est de 1 fr. par 100 fr.

Il a été payé pour les immeubles. . . . 736,801   46

759,331 fr. 36 c.

Le capital des immeubles étant cent fois plus fort que le montant du droit, présente une somme de 73,680,146 fr.

TABLE.

—